I0233417

EMMANUEL MARBEAU
ÉVÊQUE DE MEAUX

SOUVENIRS DE MEAUX

Avant, pendant et après

LA

BATAILLE DE LA MARNE

AU PROFIT DU MONUMENT RELIGIEUX ET PATRIOTIQUE
QUI SERA ÉLEVÉ A BARCY-LÈS-MEAUX
EN SOUVENIR DES HÉROS ET DES VICTIMES DE LA VICTOIRE DE LA MARNE

ÉDITION SPÉCIALE DE
LA REVUE HEBDOMADAIRE

—

1915

Prix : 50 centimes.

JUN 8 0 1 8 6 3

(8177)

SOUVENIRS DE MEAUX

———

AVANT, PENDANT ET APRÈS

LA

BATAILLE DE LA MARNE

Barès
22449

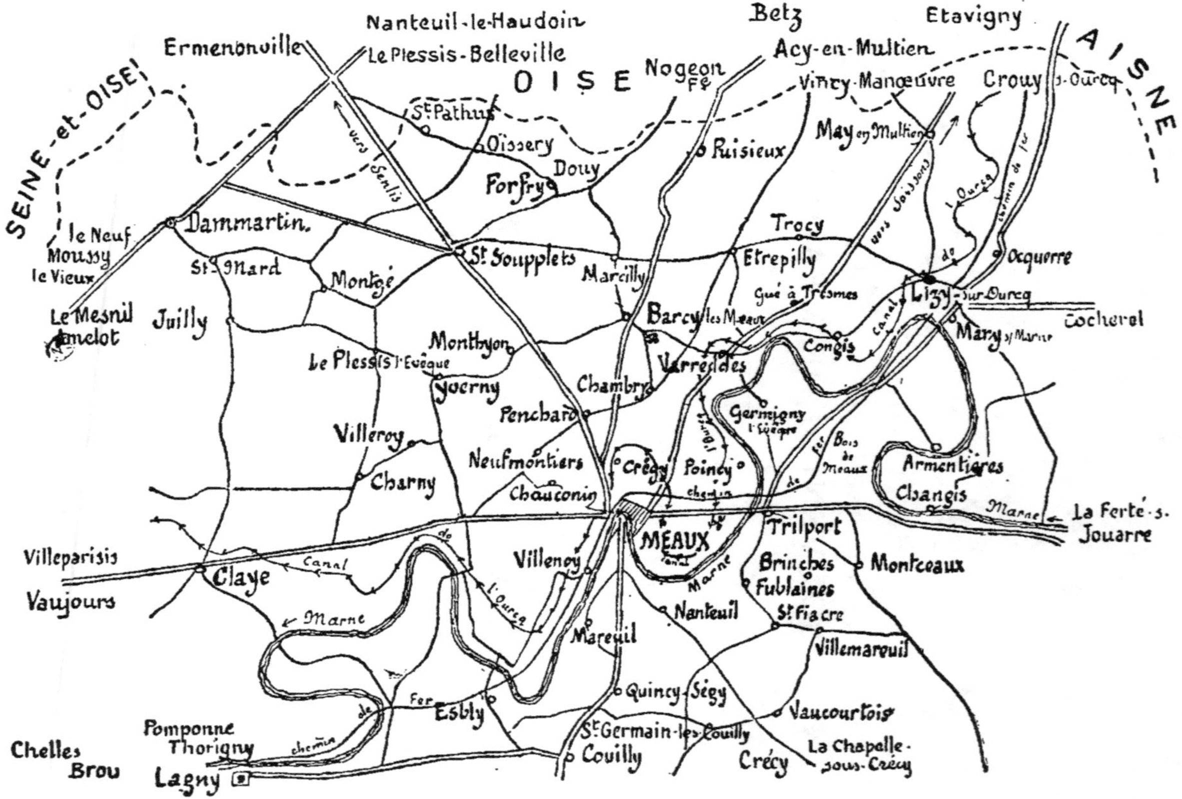

SEINE-et-OISE
OISE
AISNE
Ermenonville
Nanteuil-le-Haudoin
Le Plessis-Belleville
Betz
Etavigny
Acy-en-Multien
Nogeon Fe
Vincy-Manœuvre
Crouy s-Ourcq
St Pathus
Oissery
Douy
Forfry
Ruisieux
May en Multien
vers Soissons
vers Senlis
Dammartin.
le Neuf Moussy
le Vieux
St Mard
Montgé
St Soupplets
Marcilly
Trocy
Etrepilly
Ocquerre
Gué à Trêmes
Lizy-sur-Ourcq
Cocherel
Mary s/Marne
Le Mesnil Amelot
Juilly
Barcy les Meaux
Congis
Monthyon
Le Plessis l'Evêque
Varreddes
Chambry
Iverny
Penchard
Germigny l'Evêque
Villeroy
Neufmontiers
Crégy
Poincy
Bois de Meaux
Armentières
Changis
Charny
Chauconin
Marne
La Ferté-s.-Jouarre
Trilport
Villeparisis
MEAUX
Canal
Claye
Vaujours
Villenoy
Brinches
Montceaux
Fublaines
Nanteuil
l'Ourcq
St Fiacre
Mareuil
Villemareuil
Quincy-Ségy
Vaucourtois
Fer
Esbly
St Germain-les-Couilly
Couilly
Crécy
La Chapelle-sous-Crécy
Pomponne
Thorigny
chemin de fer
Chelles
Brou
Lagny

EMMANUEL MARBEAU

ÉVÊQUE DE MEAUX

SOUVENIRS DE MEAUX

Avant, pendant et après

LA

BATAILLE DE LA MARNE

ÉDITION SPÉCIALE DE

LA REVUE HEBDOMADAIRE

1915

SOUVENIRS DE MEAUX

AVANT, PENDANT ET APRÈS

LA

BATAILLE DE LA MARNE[1]

MESDAMES ET MESSIEURS,

Lorsque vint Nous surprendre l'honorable et trop confiante invitation du Directeur de *la Revue hebdomadaire*, M. Fernand Laudet, qui Nous appelait, au nom de l'éminent Président, M. René Doumic, et des illustres membres du Comité des Conférences, à prendre la parole, après d'éloquents orateurs et écrivains de race, notre première pensée fut de décliner cet honneur.

Combien d'autres Prélats, d'Eminents Cardinaux, Archevêques et Évêques de France et de Belgique, comme hélas! ceux des diocèses de Reims, de Malines, de Tournai, de Soissons, Arras, Amiens, Saint-Dié, Verdun, Châlons, Cambrai, Lille, Beauvais, Nancy et

---

(1) Conférence prononcée à la Société des Conférences, le vendredi 12 février et le lundi 15 février. Les Conférences de la Société des Conférences sont traduites en onze langues pour être répandues dans les pays neutres.

autres, combien tous ces Prélats, pour ne parler que
de ceux dont les diocèses furent envahis, auraient été
plus qualifiés que Nous, aussi bien par leur talent que
par les épreuves qu'ils ont subies. Ils vous diraient
ce qu'ils ont souffert, avec leurs prêtres et leurs fidèles,
pendant les mois qui viennent de s'écouler. Leurs
récits seront plus tard pour l'Histoire des documents
écrits en lettres de feu et de sang : mais jusqu'à ce
jour, leurs personnes et leurs voix pour la plupart
sont encore captives. Nous attendons avec confiance
l'heure où ils pourront publier, à la gloire de Dieu
et de la Patrie, ce qui a été fait autour d'eux et par
eux, pour panser les blessures et préparer le glorieux
relèvement de notre chère France et de la noble Belgique, cette Nation Sœur dont le sort est désormais
inséparable du nôtre.

Nous avons donc pensé que, dans ces circonstances,
ce pouvait être pour Nous un devoir religieux et patriotique de répondre néanmoins à un appel dont Nous ne
sentions plus que la charge.

Devoir religieux, car Nous trouvons ici l'occasion de
dire bien haut, pour l'édification de ceux qui sauront le
comprendre et le sentir, à quel point nous devons tous,
à Paris comme à Meaux, et dans la France entière,
nous montrer reconnaissants envers le Ciel de la protection si spéciale dont nous avons été l'objet; car
notre ville de Meaux, dont on Nous a demandé de vous
parler aujourd'hui, n'a été que *menacée*, et sauvée
grâce à Dieu, tandis que beaucoup d'autres, hélas! ont
été vraiment des *villes martyres*.

Nous voudrions ainsi acquitter publiquement une
part de la dette dont nous sommes redevables à la
Providence et à l'intercession des Saints et des Saintes
que Nous avons invoqués pour le salut de notre Ville
et de la Patrie.

Devoir patriotique, car Nous sentons encore le besoin

de rendre un public hommage à cette admirable armée qui, sous la conduite de chefs incomparables, et grâce à l'héroïsme de nos valeureux soldats, a délivré notre région du péril imminent qui la menaçait, et sauvé Paris des catastrophes qui semblaient alors inévitables. N'est-il pas juste, en effet, d'exalter les vertus de ce peuple de France, capable aux heures difficiles des efforts les plus magnifiques, et auquel il a suffi de faire appel pour le sentir tout entier groupé, comme les soldats autour du drapeau, dans un même élan de vaillance et de foi. — Que cette *Union sacrée* soit toujours notre lien : elle sera notre force et notre salut!

Pour répondre à votre attente et au bienveillant désir qui Nous a été exprimé, Nous n'aurons qu'à laisser parler les faits.

C'est aux témoins des événements qui se succédèrent dans la région de Meaux pendant le mois de septembre 1914, que Nous avons demandé de rassembler leurs souvenirs. Ce sont ces documents exacts que Nous vous présentons aujourd'hui : il Nous suffira de parcourir ensemble ces modestes et véridiques éphémérides, pour reconstituer l'histoire de ce qui s'est passé autour de Meaux avant, pendant et après la bataille de la Marne.

Puissent ces notes rapides, dans leur simplicité, vous apporter d'aussi utiles enseignements que ceux que vous êtes accoutumés à recueillir sur les lèvres des maîtres de la parole que vous aimez entendre ici!

I

AVANT LA BATAILLE

Pour permettre de suivre plus aisément l'exposé des faits dans la région de Meaux, à mesure que Nous nommerons les différents points sur lesquels ils se déroulèrent, il suffira de se reporter à la carte où figure l'emplacement de chacune de ces paroisses dont les noms restent à jamais célèbres.

En partant du Sud, où l'on voit la ville de Meaux, — et l'entourant comme d'une auréole d'étoiles lumineuses, reflets de celles d'en haut, — et en parcourant les coteaux de l'Est à l'Ouest dans un rayon assez restreint, nous voyons, d'abord Charny, où commença la bataille ; ~~et~~ ~~ensuite~~ Villeroy, illustré par le choc où tombèrent glorieusement les premières victimes ensevelies, au nombre de trois cents, sur le lieu même de leur premier élan qui détermina la marche à la victoire.

Puis à Chauconin, Neufmontiers, Penchard, Iverny, Crégy, Chambry, Monthyon, Le Plessis-l'Évêque, Montgé, Forfry, Saint-Soupplets, Barcy-lès-Meaux, Étrépilly, Trocy, Varreddes, et, en contournant Meaux, Lizy-sur-Ourcq, Mary-sur-Marne, Germigny-l'Évêque, Trilport, Montceaux, Brinches, Fublaines, Saint-Fiacre et Quincy-Ségy. C'est de tous les héroïsmes dont ces petits villages furent témoins que fut faite la victoire de Meaux, épisode fragmentaire de la bataille de la Marne, dont la ville de Meaux fut le centre, comme le village de Barcy-lès-Meaux en fut le cœur.

Mardi 1ᵉʳ septembre : depuis deux jours, de nombreux habitants ont commencé à quitter la ville, effrayés par le passage émouvant des évacués de l'Est, du Nord et de la Belgique, et par la nouvelle que les Allemands avancent dans la région de Soissons-Compiègne-Senlis.

Les premiers Anglais arrivent à Meaux ce jour même. Le soir, à neuf heures, ils ne peuvent plus communiquer par téléphone avec le Maréchal French, dont l'état-major est à Saint-Mard (Seine-et-Marne).

A vingt et une heures arrivent en gare les familles des employés de la Compagnie de l'Est, évacuées de la Ferté-

Milon. Beaucoup d'habitants de la vallée de l'Ourcq les ont accompagnées. La nouvelle de cet exode accroît singulièrement la panique en ville de Meaux.

Mercredi 2 septembre : à six heures du matin, la municipalité invite, par le tambour de ville, les habitants à s'éloigner. A huit heures, un second coup de tambour annonce qu'il y a danger à rester à Meaux.

Dans la matinée, l'armée anglaise, en retraite, arrive par la route de Senlis. De nombreux trains et des véhicules de toutes sortes emmènent les Meldois et les habitants des environs avec leurs enfants dans la direction de Paris, de Melun et même de Coulommiers. Les routes sont encombrées des convois de chariots transportant, comme des tribus errantes, des familles entières d'émigrés, qui abandonnent leurs fermes et emmènent leurs troupeaux.

Dans la ville, vers cinq heures, accompagné de MM. les Vicaires généraux, Nous portons nos hommages au Général de l'état-major anglais installé dans la demeure de la famille de la Villesboisnet. Et Nous sommes heureux de saluer ici cordialement un des vaillants officiers « de la grande et si estimable armée » de nos chers alliés. Nous ne voulons en oublier aucun, notre pensée va à tous et nous sommes tous unis de cœur pour assurer la victoire définitive.

En descendant la rue principale, Nous recevons les doléances des pauvres gens qui sont restés dans la ville et qui manquent déjà de vivres, et Nous constatons avec peine qu'il n'y a même pas de quoi fournir aux soldats anglais qui arrivent à Meaux la part de ravitaillement qu'ils espèrent y trouver. La plupart des boutiques sont fermées et les maisons évacuées.

Dans la nuit du 2 au 3 septembre, les troupes anglaises venant du Nord, par les routes de Soissons et de Senlis, ne cessent de traverser la ville et se diri-

*

gent vers le plateau de Coulommiers, par les routes de
Melun et de Metz.

Jeudi 3 septembre : à 11 h. 30, a lieu le départ du
dernier train pour Paris. Il emmène la commission militaire de la gare, avec ses chefs, les derniers fonctionnaires et les territoriaux, gardes des voies ferrées.

Vers trois heures, les Anglais coulent les nombreux
bateaux-lavoirs et font sauter le pont du Marché et
les passerelles établis sur la Marne. L'explosion du
pont cause quelques dégâts en ville. Des pavés, pro-
jetés violemment en l'air, retombent sur la Cathédrale
en dix endroits, perforant la voûte d'une chapelle et
brisant la balustrade extérieure de pierre. D'autres immeubles sont atteints, dans la ville et jusqu'aux environs de la Cathédrale.

En se retirant du côté de Trilport, l'armée anglaise
a détruit les deux ponts de cette localité. Meaux n'est
plus relié à Paris que par la route de Claye. Le quartier du Marché, séparé par la Marne, est isolé du
reste de la ville. — A dater de ce jour, Meaux prend
l'aspect d'une nécropole. Deux mille habitants au
maximum sont restés, sur 14 000. Les services de
voirie, d'eau, de gaz et d'électricité sont supprimés.
Plus de commerce : les magasins sont fermés. Plus de
circulation dans les rues, où l'on ne rencontre que
chiens errants et chats abandonnés, qui, privés de
nourriture, pourront devenir un danger public.

A la faveur des ténèbres, de l'absence de la plupart
des propriétaires, et aussi des fonctionnaires et de la
police, maraudeurs et cambrioleurs pourraient opérer à
leur aise. Pour ajouter au tragique de la situation on
apprend que quelques uhlans ont fait leur apparition
sur le plateau au delà du petit village de Crégy, situé
à 3 kilomètres au nord de Meaux.

Vendredi 4 septembre : en présence de cette situation, il est question de procéder à une organisation qui réponde aux nécessités les plus urgentes. Une réunion de quelques citoyens, parmi lesquels se trouve l'un des deux conseillers municipaux restés à Meaux, a lieu à l'Hôtel de Ville. Un Vicaire général, Mgr Laveille, représentant l'Évêché, y assiste et la préside à la demande de tous. Il fait savoir qu'avec tout le clergé, l'Évêché s'associera aux mesures prises dans l'intérêt général. Cette réunion n'ayant pu aboutir à une organisation effective, ses principaux membres décident de se réunir à l'Évêché, afin de constituer définitivement un Comité chargé de veiller aux intérêts de la Ville. D'autres personnes disposées à prêter leur concours viennent également à ce rendez-vous, au nombre d'une cinquantaine.

Dans la journée, Nous Nous préoccupons, avec la population, de l'invasion possible de la ville par l'ennemi ; et prévoyant une demande de contribution de guerre, Nous Nous informons de ce qui aurait pu être préparé à cet égard. On fait connaître officieusement les intentions et les dispositions du Clergé et de quelques habitants à ce sujet.

Au début de l'après-midi, les premières colonnes allemandes sont signalées dans la direction de Varreddes, à quelques kilomètres de Meaux.

Jusqu'à une heure très avancée de la nuit, les habitants aux aguets perçoivent nettement le bruit de la cavalerie et des convois en marche.

Durant toute la journée du 4 septembre, des colonnes allemandes, débouchant de Barcy et des communes voisines, suivent la crête du plateau et descendent dans la vallée de la Marne en traversant Germigny-l'Évêque. Utilisant du mieux possible les parties boisées, les colonnes arrivent à Trilport et s'y installent le soir. C'est là qu'elles furent surprises par les feux de l'artillerie anglaise postée, depuis la veille, sur la rive gauche de la Marne, et occupant les hauteurs de Fublaines et de Saint-Fiacre.

Pendant ce temps, les Allemands envoyaient sur la route de Meaux à Paris, et jusqu'à quelques centaines de mètres de Claye, en éclaireurs, des dragons cyclistes. Ils étudiaient le pays, s'arrêtant de distance en distance, questionnant les rares paysans rencontrés sur cette route déserte et notant leurs observations.

Meaux était dès lors isolé de Paris et découvert jusqu'à Claye où se trouvait le premier poste français de grand'garde.

Du côté du Nord et de l'Est, la ville était enveloppée par l'ennemi.

C'est vers midi, ce vendredi 4 septembre, qu'était arrivée à l'Évêché de Meaux, par la voie d'un journal qu'une personne amie avait apporté de Paris, l'annonce de l'élection du nouveau Pape Benoît XV. En dépit de l'inquiétude des âmes, les fidèles présents à la prière du soir, vers cinq heures, chantèrent le *Te Deum* d'actions de grâces.

Samedi 5 septembre : à six heures du matin apparut dans la ville une patrouille de uhlans. L'officier qui la commandait interpella un chantre de la Cathédrale qui se trouvait à ce moment sur le seuil du Portail des Lions. Il demanda s'il était vrai que tous les ponts établis sur la Marne fussent coupés. Sur réponse affirmative, la patrouille continua sa marche du côté de la rue Saint-Remy et prit la route de Senlis, où elle tua l'un des deux dragons français qui s'y trouvaient en reconnaissance.

C'est dans la même matinée, vers sept heures, que passa une automobile portant pavillon de la Croix-Rouge, et contenant un officier allemand. Comme Nous Nous trouvions là, en compagnie de Mgr Prieur,

Vicaire général, à notre demande elle s'arrêta tout près de la Cathédrale. Quelques hommes s'étant approchés, l'officier en descendit. Il entra dans un magasin de chaussures, comme pour faire un achat, se dérobant aux regards des passants. Pendant ce temps, Nous questionnions le chauffeur resté à sa machine, et Nous apprenions qu'il avait été réquisitionné par l'ennemi, à Lille.

Une autre automobile, conduite par des officiers allemands, fut encore signalée dans le quartier du Marché. Ceux qui la montaient inspectèrent un matériel de forge de campagne, que les Anglais avaient abandonné, prirent quelques renseignements et s'en allèrent.

A dix heures eut lieu à l'Évêché la deuxième réunion des hommes de bonne volonté, en vue de procurer une organisation locale provisoire. Vers onze heures, M. l'abbé Engelmann, vicaire à la Cathédrale, partit pour Paris à bicyclette, avec mission de trouver médecins, chirurgiens et pharmaciens; il était porteur pour l'Assistance publique d'une lettre de requête que Nous avions signée, avec le Directeur de l'Hôpital civil, dont le dévouement en cette période d'anxiété fut digne d'éloges.

Pendant toute la matinée, l'ennemi s'était rapproché de la ville, occupant vers midi la partie ouest-nord-ouest du plateau qui l'environne (Charny-Monthyon-Neufmontiers-Penchard-Crégy). Quelques Allemands isolés s'étaient cachés dans les broussailles avoisinant la route de Senlis, au-dessus du Brasset et du canal de l'Ourcq.

II

LA BATAILLE

L'entrée en action des troupes allemandes (4ᵉ corps de réserve allemande de l'armée de Von Kluck) et des troupes françaises (6ᵉ armée ou armée de Paris sous les ordres du général Maunoury) se fit au début de l'après-midi de ce samedi 5 septembre. Ce fut le commencement de la fameuse bataille de la Marne.

Vers une heure et demie, à la grande surprise des Meldois, qui n'avaient vu passer aucun soldat français, — l'armée du général Maunoury était venue du Mesnil-Amelot (Seine-et-Marne) à l'ouest de Meaux, — une action violente s'engageait dans la direction de Charny. Le crépitement des mitrailleuses et le vacarme de la canonnade jeta l'alarme parmi la population.

De Meaux, au bout de deux heures de combat environ, on eut l'impression que l'action se déplaçait, se rapprochait de la ville, et que l'ennemi reculait vers le nord-nord-est, en dépassant la route de Meaux à Senlis, dans la direction de Crégy-Barcy-Marcilly. On a su plus tard que les Allemands, bousculés par les troupes du général de Lamaze, notamment par la division africaine, avaient dû abandonner la ligne Montgé-Monthyon-Penchard.

Vers cinq heures, après une violente fusillade dans le voisinage ouest de Meaux, la ferme de Chaillouet, sur la route de Senlis, prit feu. Ce même jour, quelques maisons de Chauconin et la ferme Proffit à Neufmontiers avaient été aussi volontairement incendiées par l'ennemi.

Le soir, vers sept heures, l'automobile allemande signalée le matin dans le quartier du Marché y revint, circulant sans lumière. Elle s'arrêta près d'un débit

de tabac, dont le propriétaire était absent, puis cons-
tatant la rupture du pont, elle fit un brusque virage et
repartit en vitesse folle.

Dimanche 6 septembre : la bataille, suspendue la
veille à la chute du jour, recommença le lendemain à
la première heure. L'impression du recul des Allemands, que nous avions eue le samedi soir, nous fut
confirmée le dimanche matin par la position d'une
batterie d'artillerie française qui s'établit au nord-est
de Crégy. L'ennemi était maintenant sur la ligne
Chambry-Barcy-Marcilly. A sept heures, une patrouille
de dragons allemands, venant de Fublaines, déboucha
sur la place du Marché, en quête de renseignements.
— Vers dix heures, une nouvelle patrouille arrivait
par la même route. Elle comprenait une vingtaine
d'hommes conduits par un lieutenant. Celui-ci demanda
en français quelques renseignements sans importance
à M. le chanoine Duperche, curé de Notre-Dame, qui
se rendait à son église. Ce dernier s'étant retiré après
une réponse évasive, l'officier ne put s'empêcher de
manifester à quelques passants sa grande aversion
pour les prêtres.

Après avoir installé ses hommes au quartier Luxem-
bourg, et d'autres en vedette sur la place du Marché,
il réussit à traverser la Marne sur la passerelle brisée
des Moulins de l'Échelle ; mais il fut saisi et conduit
devant l'Hôtel de Ville, où il formulait des menaces
et sommations, quand on le remit aux mains de chas-
seurs à cheval en reconnaissance, qui l'emmenèrent
au quartier général de Neufmontiers.

Au début de l'après-midi, M. le curé de Notre-Dame
et son vicaire allant visiter un malade au hameau des
Saints-Pères, route de Melun, aperçurent dans le faubourg de Cornillon un commandant ennemi à la re-
cherche des patrouilles allemandes qui avaient parcouru

le quartier du Marché, et dont l'une était déjà prisonnière des Anglais, à Couilly-Saint-Germain.

Quelque temps après, une escouade française, composée en majeure partie de tirailleurs sénégalais, arriva
sur la place du Marché. Elle avait traversé la Marne
en bateau pour venir capturer la patrouille allemande.
Son désappointement fut grand quand elle apprit que
l'ennemi venait de se retirer.

Dans la matinée de ce même dimanche, vers dix
heures, s'était tenue à l'Évêché une nouvelle réunion
des hommes de bonne volonté, pour l'organisation des
services publics. Elle fut suivie d'une deuxième dans
l'après-midi, au cours de laquelle fut définitivement
constitué le « Comité des Intérêts de la ville de Meaux »
dont faisaient partie plusieurs membres du clergé avec
un certain nombre de concitoyens.

Ce Comité fit apposer le lendemain sur les murs de
la ville l'avis dont le texte suit.

Cet affichage était nécessaire, non seulement pour
prévenir la population, mais aussi pour que, le cas
échéant, l'ennemi sût à qui parler et trouvât quelqu'un
pour lui répondre. Le Comité était là.

*Texte de l'Affiche adressée aux Habitants de Meaux
le 7 septembre 1914.*

Nos chers Concitoyens,

Un Comité s'est formé dans la ville de Meaux pour
représenter et protéger les Intérêts publics, conformément
au vœu et au bien de tous.

Ce Comité a partagé les divers services en Sections dont
les Présidents assureront les mesures les plus urgentes :

Section d'ordre et de police ;

Section de salubrité et de voirie ;

Section des vivres, subsistances et réquisitions.

Pour former la Section du service de santé et secours pour

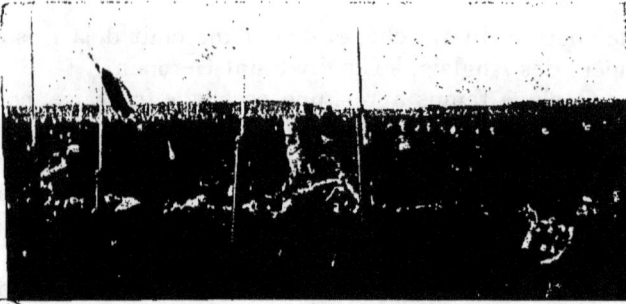

LE 2 NOVEMBRE, MGR MARBEAU, ÉVÊQUE DE MEAUX,
PRONONCE, A ~~VILLEROY~~, POINT DE DÉPART DE LA
BATAILLE DE LA MARNE, DEVANT LA TOMBE DE
200 SOLDATS, UN ÉMOUVANT DISCOURS.

neufmontiers/Meaux près Villeroy

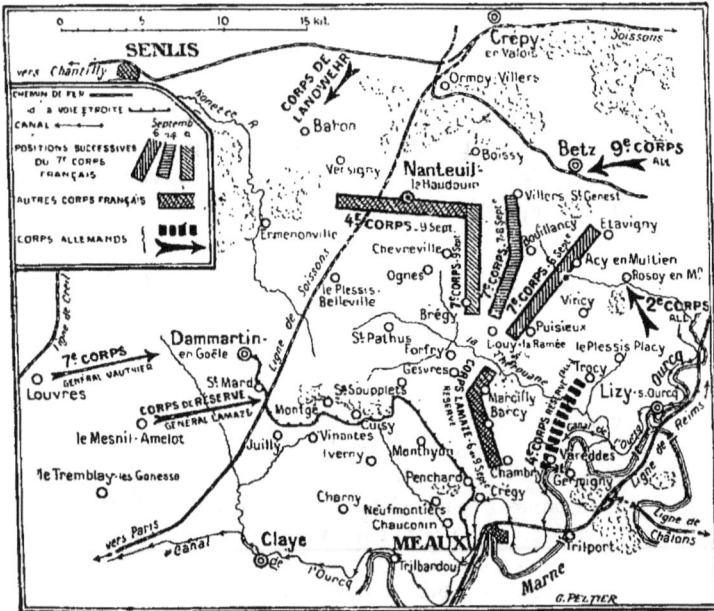

LA BATAILLE AUTOUR DE MEAUX

(Carte publiée par *l'Illustration*.)

malades et blessés, le Comité a envoyé un Délégué à Paris réclamer des Médecins, Chirurgiens et Pharmaciens qu'il attend.

Pour l'hygiène publique, le Comité a déjà procédé au nettoyage des rues et des établissements, à la destruction des chiens, chats et animaux nuisibles errants ou enfermés sans nourriture et sans maîtres.

Le Comité s'occupe avec ordre et activité de grouper et mettre en sécurité les objets principaux d'alimentation :

Farines, pain, viande, légumes et fruits, lait, etc... Eau, boissons, médicaments, etc...

Il procédera, sous la surveillance et les ordres des hommes de ferme bonne volonté, compétents, désintéressés et dévoués, aux réquisitions nécessaires et successivement ordonnées.

Nul n'agira que sous la direction des chefs de section et avec l'autorisation du Commissaire représentant l'ordre et la police siégeant à la Mairie, et assisté de l'un des Membres du Comité des Intérêts publics.

La liste de ces Membres sera incessamment publiée.

On inscrira à la Mairie les demandes des Familles qui auraient besoin de secours et on désignera les jours et les heures des distributions et des bons.

Un registre déposé à la Mairie recevra les observations utiles que chacun pourra faire dans l'intérêt général ; et le Comité prendra les décisions opportunes qu'il fera connaître à la population.

Chacun, de la sorte, pourra concourir au bien de tous dans l'Ordre, la Justice et le Dévouement.

Dieu protège la France !

L'Union fait la Force et assure le Salut.

Donc, chers Concitoyens, Courage et Confiance ! Travaillons pour Dieu et la Patrie.

Le Comité des Intérêts publics de la Ville de Meaux :

L'Evêque de Meaux, les Vicaires généraux et le Clergé de la Ville,

MM. BAILLEUX, BALDENVECK, BARIGNY, BRUANT, BURLEY, Constant BOULEUX, COPINOT, COURTIL, HOCQUART, LHOSTE, chef des pompiers ; OPSTAEL, PIEDAGNEL,

PIQUEMAL DE ROZEVILLE, QUINTIN (Docks Minost), REGNAULT, ROUSSEL Joseph, SAGNE, SARAZIN, Pierre SASSOT, Directeur de l'Hospice général, etc...

Meaux, 7 septembre 1914.

NOTA. — Des mesures analogues sont prises en commun dans les trois paroisses de la Ville, notamment dans celle de Notre-Dame, pour le quartier du Marché, momentanément séparé par la rupture du pont.

Tous les habitants savaient ainsi les mesures prises pour assurer la subsistance, l'hygiène et la sécurité de la ville. Ceux qui s'inquiétaient pouvaient être rassurés ; et s'il se trouvait des éléments de désordre, leur action n'était plus à craindre. C'est dans ce but qu'à plusieurs reprises le tambour de ville publia partout des avertissements utiles ; néanmoins les départs se multipliaient.

Dès le soir de ce dimanche 6 septembre les différentes sections du Comité se mirent à l'œuvre :

1° Des rondes circulaient régulièrement chaque nuit, armées de bâtons, puisque toutes les armes avaient été déposées à la Mairie avant l'évacuation de la Cité. Celui qui avait été provisoirement investi par le Comité des fonctions de chef de la police déposait son rapport à l'Évêché et rendait compte des incidents qui s'étaient produits dans l'enceinte de la ville ;

2° Les escouades chargées d'assurer l'hygiène publique fonctionnaient régulièrement. On enleva les ordures ménagères et on prit au lacet les animaux errants, qui furent conduits à l'abattoir ;

3° La section des vivres fit ouvrir les magasins d'alimentation pour y prélever, avec ordre et discrétion, toutes les denrées nécessaires aux habitants. On pouvait facilement se rendre compte de l'étendue des besoins de la population et de la quantité des provisions à requérir, par le recensement que le clergé avait fait dans chaque paroisse, des familles et des individus demeurés à Meaux.

Pendant que les mesures prises par le Comité étaient exécutées sur la rive droite de la Marne, le quartier de la rive gauche ou du Marché s'organisait de façon presque identique. Les habitants, réunis près de la Boule-d'Or, nommaient un Comité chargé du ravitaillement et de l'entretien de cette partie de la ville, Comité à la tête duquel se trouvaient M. Danvin, conseiller municipal, le chanoine Duperche, curé de Notre-Dame, MM. Bardin et Élisée Pottier, propriétaires.

Lundi 7 septembre : la canonnade, qui le jour précédent ne s'était arrêtée qu'à huit heures du soir, reprit de très bonne heure, au nord de Meaux, dans la direction de Chambry-Varreddes-Étrépilly, où l'ennemi s'était solidement retranché.

Apprenant qu'une ambulance fonctionnait dans l'église de Neufmontiers, un des Vicaires généraux et l'abbé Carru, directeur du Séminaire, allèrent se rendre compte sur place des besoins spirituels des blessés. Un major leur facilita l'accès de l'ambulance qui renfermait aussi des prisonniers allemands. Ils lui exposèrent ensuite la situation pénible de certains blessés qui, venus spontanément à Meaux la veille au soir et dans la nuit, n'avaient pu recevoir les soins nécessaires, faute de secours suffisants. Sans doute, à l'hôpital et à l'école Sainte-Marie (petit Séminaire) où ils s'étaient rendus venant du plateau de Crégy, ils avaient trouvé, auprès de l'administration des hospices et des infirmiers et infirmières, les plus généreux dévouements ; mais pour traiter efficacement certaines blessures, la charité même la plus délicate ne suffisait pas, il fallait une intervention chirurgicale, et les praticiens manquaient. Le major promit qu'il signalerait au Service de Santé cette détresse.

Ce même jour, vers onze heures du matin, les premiers obus venant de la direction de Germigny-l'Évêque, nord-est de Meaux, commencèrent à tomber sur la ville, d'abord dans le faubourg Saint-Nicolas, puis dans celui de Saint-Faron, le long de la ligne du chemin de fer de l'Est. Quelques projectiles éclatèrent aux environs de la Cathédrale sans l'atteindre (rue Notre-Dame et boulevard Jean-Rose). C'est pendant ce premier bombardement que M. l'abbé Engelmann revint de Paris à bicyclette, en annonçant l'arrivée d'un médecin de l'Assistance publique pour le mercredi.

Le bombardement, qui s'était arrêté un peu avant midi, recommença vers deux heures et dura jusqu'à six heures environ.

Dans l'ancien cimetière, plusieurs tombes furent violemment ouvertes par les obus qui causèrent aussi des dégâts dans un certain nombre d'immeubles et de propriétés, notamment à l'Hôpital, au petit et au grand Séminaire, rue Barigny, rue Saint-Faron, avenue de la République et dans les quartiers voisins.

Dans cette journée du 7 septembre, de nombreux blessés, venus du champ de bataille, ou qui avaient été transportés à grand'peine — car les véhicules étaient rares — par des Meldois et des Meldoises compatissants, furent recueillis dans notre ville. M. le Directeur de l'hôpital ouvrit largement sa porte. M. le Supérieur de l'école Sainte-Marie en fit autant. Mais, devant l'affluence, on dut recourir à la maison délabrée de l'ancien grand Séminaire. En toute hâte, les Religieuses Augustines, qui avaient répondu à notre appel, remirent partout de l'ordre et approprièrent les locaux subitement évacués à l'approche des Allemands. Ensuite, aidées d'infirmières de bonne volonté, elles passèrent la nuit à faire des pansements.

Il arriva des blessés jusqu'à deux heures du matin. Les lits ne suffisaient plus et les soldats, exténués, se couchaient sur des paillasses, sur le parquet, même sur les escaliers.

LA BATAILLE AUTOUR DE MEAUX DU 1ᵉʳ AU 10 SEPTEMBRE

De gauche à droite. — 1. La plaine de Barcy-Varreddes : la tombe de vingt-huit braves. — 2. La ferme de Champfleury, près Puisieux. — 3. Varreddes : La tombe d'un lieutenant du 204ᵉ d'infanterie. — 4. Chambry : tombe des officiers tués pour la défense du cimetière. — 5. Marcilly : Maisons bombardées. — 6. Barcy après le bombardement. — 7. Le pont de Trilport, que les Anglais ont fait sauter le 3 septembre pour arrêter la marche des Allemands. — 8. Une ferme à Marcilly. — 9. Mgr Marbeau visite Barcy.

La bataille, en cette journée, avait été fort dure. La
nuit tombée, les Allemands, dont le feu s'était arrêté
de huit heures à neuf heures et demie, avaient tenté une
contre-attaque qui s'était prolongée très tard. Jusqu'à
minuit on avait entendu la canonnade et le crépitement
des fusils et des mitrailleuses.

Mardi 8 septembre : le combat reprit de grand
matin, mais on eut l'impression que l'action était plus
lointaine et que l'ennemi, délogé des tranchées où il
s'était installé entre Chambry et Varreddes, avait commencé à reculer du côté d'Étrépilly, du Gué-à-Tresmes
(paroisse de Congis) et de Trocy, où il allait se défendre
opiniâtrement pendant deux jours encore.

Pourtant le danger semblait s'éloigner de notre ville,
jusque-là directement menacée, et Nous voyions, dans
ce recul de l'ennemi, un signe de la protection de la
Très Sainte Vierge, dont Nous célébrions la Nativité.
Nous avions invité les fidèles à la prier plus spécialement à l'approche de ce jour. Nous lui avions fait, au
nom de tous, une promesse; elle n'était pas restée insen-
sible à l'appel de ses enfants.

C'est dans cette journée du 8 septembre que les
blessés arrivèrent en plus grand nombre. L'hôpital et
l'école Sainte-Marie continuèrent à en recueillir le plus
possible, mais devant l'affluence, on dut rouvrir également le collège communal.

Pour le soin des soldats blessés recueillis dans cette
dernière maison, Nous trouvâmes le plus généreux
concours chez les Religieuses Augustines et parmi les
personnes dévouées du voisinage. Dans les rapports
qui furent faits à ce moment, on cite en particulier ce
trait touchant de charité : les deux Messieurs, infirmiers
volontaires, qui passèrent la première nuit auprès des
blessés installés dans des salles absolument dépourvues
d'éclairage, poussèrent le dévouement jusqu'à circuler

toute la nuit, d'une pièce dans l'autre, avec des flam-
beaux, pour donner aux malades tout au moins la consolation de la lumière.

Dès le lendemain, nous eûmes à déplorer la mort de
deux soldats, plus grièvement blessés.

L'œuvre de charité était d'autant plus méritoire
qu'elle devait se faire dans des conditions matérielles
bien difficiles, car, manquant des choses les plus nécessaires, il fallait pourvoir au nouvel aménagement des
locaux, à la nourriture et au pansement des blessés,
qui arrivaient sans cesse et à l'improviste.

A l'approche de l'ennemi, les hôpitaux militaires et
ceux de la Croix-Rouge avaient été évacués par ordre.
Les blessés et le personnel des médecins et infirmiers
avaient été transportés en hâte avec le matériel sur
divers points, notamment à Orléans. C'est dans cette
ville que, sous la direction du Comité de la Croix-Rouge
et de sa présidente, la vénérée Vicomtesse de Lamotte,
un grand nombre de blessés reçurent les meilleurs soins
qui permirent à beaucoup de retourner à leur poste de
combat.

Lors de la reconstitution des ambulances à Meaux,
l'Infirmière-Major de l'ambulance Jeanne d'Arc, Mme la
Vicomtesse de Lamotte, fondatrice du Dispensaire et
présidente des œuvres charitables de la ville de Meaux,
se donna encore sans compter. Nous eûmes le chagrin
de la voir succomber en quelques jours, admirable de
foi, et victime des longues fatigues qui avaient con-
sumé ses forces sans abattre son courage, sur le Champ
d'Honneur de la Charité.

Huit jours auparavant, Nous avions dû rendre avec
elle nos religieux devoirs à l'Infirmière-Major de l'ambulance installée dans l'ancien grand Séminaire, également tombée victime de son dévouement envers nos
chers blessés.

L'après-midi du 8 septembre, M. l'abbé Engelmann

se rendit sur le plateau Chauconin-Charny-Neufmon-tiers pour aider au transport des blessés. Après s'y être employé toute la nuit, il repartit pour Paris, chercher le médecin que l'Assistance publique avait promis, et qu'il ramena le lendemain mercredi.

A partir du 9 septembre, on put donner aux malades de tous nos hôpitaux des soins mieux appropriés et plus complets, grâce à l'arrivée de quelques médecins militaires et civils, amenés de Paris par l'autorité administrative, dont la démarche avait suivi de près celle du Comité des Intérêts de la Ville de Meaux.

Mercredi 9 septembre : la bataille continuait, mais au delà d'Étrépilly et de Varreddes. Dans la matinée, les obus de l'artillerie lourde tombaient encore sur Barcy-lès-Meaux, ruinant de plus en plus l'église et empêchant de secourir les nombreux blessés des alentours. L'ennemi bombardait l'ambulance établie dans cette Paroisse (ferme Dhuicque) où vingt-trois des blessés furent tués. C'est là qu'avait été recueilli M. l'abbé Longuet, vicaire de Saint-Nicolas de Meaux, qui avait pris part, comme soldat, à la bataille, où le dimanche 6 septembre il avait reçu sept blessures. Il nous est momentanément revenu pour un congé de convalescence et, soutenu par deux béquilles, il a pu reprendre courageusement une partie de son service paroissial; et nous sommes heureux de le saluer aujourd'hui parmi nous.

Ils sont nombreux, nos héros de la Brie, qui ont combattu ou qui sont tombés sur le sol natal, leur petite Patrie, en assurant le triomphe de la grande Patrie qui est la France.

Plusieurs Meldois se sont également distingués par leur bravoure, notamment le lieutenant Raoul Roussel, qui a reçu la Croix de la Légion d'Honneur.

Le jeune Paul Berty, membre de notre Jeunesse

Catholique, deux fois blessé dans des missions pé-
rilleuses et retourné sur la ligne de feu, a mérité
d'être cité à l'Ordre du jour, et agréé pour la Croix de
la Légion d'Honneur, qui n'a pu lui être encore remise,
parce qu'il n'a pas atteint sa dix-neuvième année.

Nous aimons à le féliciter, en l'apercevant au milieu
de cet honorable auditoire.

Le brave lieutenant Robert Cadot, docteur en droit,
membre si actif et très distingué de notre Jeunesse
Catholique, est glorieusement tombé au Champ d'Honneur. Nous saluons avec respect sa digne et chrétienne
famille ici présente.

Le soldat Henri Lecoute, Président de notre Cercle
Catholique, du Patronage Saint-Faron et de la Corpo-
ration des menuisiers, où il fut toujours estimé comme
le modèle des apprentis, des ouvriers et des patrons, a
succombé victime de son infatigable vaillance, laissant
à sa jeune femme et à ses trois petits enfants l'honneur
et la consolation suprême de son glorieux trépas.

Nous devions cet hommage à ceux qui se sont mon-
trés si bons Français et parfaits Chrétiens, et dont les
exemples survivront, parce qu'ils ont toujours été sans
peur et sans reproche.

Parmi les héros meldois qui ont succombé, nous
devons nommer aussi le capitaine Paul Pérard, retour
du Maroc, plusieurs fois cité à l'Ordre du jour, proposé
pour la Croix et tué près d'Hirson en commandant l'assaut. Son digne père, Président de notre Croix-Rouge,
et sa vénérée mère, admirables de force chrétienne,
savent que par la porte du plus sublime sacrifice c'est à
l'éternel bonheur que leur fils héroïque a pu parvenir.

Au nombre des braves Meldois qui ont été glorieusement blessés, nous comptons le lieutenant Marcel
Courtier, notaire, et le sergent Henri Mothon, avoué,
tous deux frappés dans les combats livrés autour de
notre ville, qui se plaît à les honorer.

LA BATAILLE AUTOUR DE MEAUX

1. La Ferté-sous-Jouarre : Pont détruit par le génie. — 2. Chauconin :
Ferme incendiée. — 3. Neufmontiers : Ferme détruite.

Citons enfin le trait d'un brave soldat des environs de Meaux, appartenant au 276ᵉ, qui fut amené, par les hasards de la guerre, à combattre à Saint-Soupplets derrière les murs crénelés du jardin potager de sa famille, qu'il avait quittée depuis plusieurs semaines ; au plus fort de la bataille, il pouvait s'entretenir, par le soupirail de la cave, avec son vieux père et tous les siens qui s'y étaient retranchés, tout en faisant le coup de feu et en repoussant l'ennemi, qu'il poursuivit sans pouvoir dire adieu à sa famille.

Dans l'après-midi du 9 septembre, MM. les abbés Carru et Engelmann s'étaient rendus à Penchard pour offrir leurs services à la formation sanitaire de la division africaine. Ils visitèrent l'ambulance allemande installée au château d'Automne, chez M. Charles Benoist, Député de Paris, et qui avait été faite prisonnière. C'est sur l'invitation du Général Drude qu'ils firent cette démarche charitable.

Jeudi 10 septembre : dans la nuit du mercredi au jeudi, ils assistèrent à Penchard et à Chambry à l'enlèvement des blessés qui, du plateau nord-est de cette dernière Paroisse, étaient dirigés sur Neufmontiers, et de là sur Paris. Il s'en faut que tous aient pris cette direction. Las d'attendre sur le champ de bataille des secours que l'ambulance ne pouvait leur porter prudemment, beaucoup, rassemblant ce qui leur restait de forces, s'étaient traînés jusqu'à Meaux. D'autres y avaient été amenés par l'initiative de quelques habitants dévoués que Nous ne saurions trop féliciter de leur courage.

Nous aimons à saluer ici tous ces nobles défenseurs et ces héroïques victimes, en empruntant à l'illustre académicien, Maurice Barrès, l'accent ému et prophétique de son âme si française :

« Sauveurs de la France, héros inconnus, hommes du mi-

racle de la Marne, sur l'immense ligne mouvante où vous
êtes tombés, comment vous retrouver? — Vous n'avez plus de
noms individuels, vous êtes les soldats de Joffre, les vain-
queurs tombés dans la victoire. — La reconnaissance publique
se chargera de vous élever des cénotaphes de triomphe où
vos familles, à chaque anniversaire, recevront notre hommage. Quant à la piété privée, après enquête et réflexion, je
vois que pour la satisfaire, il faudrait une disposition régle-
mentaire qui manque. » (*Écho de Paris,* janvier 1915,
n° 11114.)

Désormais elle ne manquera plus, Nous en avons la
confiance, car la piété religieuse et patriotique du
peuple, dans sa reconnaissance publique, saura bien y
pourvoir.

Qu'il Nous soit permis, en ce moment, de rendre un
spécial hommage aux prêtres-soldats : Pasteurs qui ont
quitté leurs Paroisses, et Religieux revenus de l'exil
pour défendre leur Patrie, et qui sont sous les drapeaux à divers titres, soit dans les rangs de l'armée
active et auxiliaire, soit comme aumôniers, brancardiers,
infirmiers, et dans tous les services militaires.

Pour ne parler que de notre Diocèse, plus du tiers
de notre clergé est enrôlé. Sur trois cent quatre-
vingts prêtres attachés au service actif des paroisses,
aumôneries, maisons d'enseignement et d'éducation,
Nous comptons dans l'armée cent trente-sept prêtres
ou séminaristes. Et, jusqu'ici, parmi eux, vingt, hélas!
déjà sont blessés, ou prisonniers, ou morts. Plusieurs
ont été cités à l'Ordre du jour de l'armée et promus
officiers en récompense de leurs généreux et loyaux
services.

A partir de ce moment, nos blessés reçurent quoti-
diennement les visites affectueuses de notabilités
venues de Paris et de plusieurs Officiers généraux.
Ceux-ci ne voulurent pas borner leur voyage aux loca-
lités dévastées par les combats des derniers jours, mais

tinrent à apporter, avec leur concours effectif, un témoignage d'intérêt aux victimes de la lutte.

Parmi tant d'autres, nous tenons à citer et à remercier, au nom de tous : S. A. R. le comte d'Eu; avec M. Lépine, les Ambassadeurs des États-Unis et les personnes qui les accompagnaient. Nous adressons aussi nos vifs remerciements à MM. les Députés de Paris, Maurice Barrès, Charles Benoist, Galli, Ignace, Bernard; à MM. les Docteurs Bazy, Lagane, Magnin, Conan; à MM. le comte d'Haussonville, de Valence, Ch. Carroll, Général Delanne, Général Laude, comte de Moustier, comte P. de Kergorlay, de Verneuil, colonel Gillois, Henry Bordeaux, C. Bellaigue, G. Montorgueil, A. du Bos, Charles Girault, Marcel Guillet, Ph. Vernes, Vlasto, Émile Borel, Ch. Mutin, Chaumet..., et à de nombreux bienfaiteurs et bienfaitrices.

III

APRÈS LA BATAILLE

· Le vendredi 11 septembre, nos hôpitaux reçurent la visite du Général Février, Directeur en chef du Service de Santé pour le camp retranché de Paris. Accompagné de plusieurs Majors, il ne fit que passer au cours de son inspection et déclara qu'on ne pourrait laisser longtemps à Meaux les blessés qui s'y trouvaient hospitalisés.

Dans cette même journée arrivèrent de Paris Mlle Génin et deux Dames de la Croix-Rouge. Comme M. l'Abbé Champly, Supérieur des Missionnaires Diocésains venu dès le 8 septembre, elles apportaient aux blessés toute une provision pharmaceutique et des vêtements de rechange. Ces Dames se joignirent aux Religieuses Augustines et aux autres Infirmières de bonne volonté pour le service des ambulances. Nous étions heureux, en visitant nos chers blessés, de constater leur reconnaissance pour tous les soins dont ils étaient l'objet, et de leur distribuer ce que la générosité des « Lecteurs de *l'Écho de Paris* » et des amis charitables nous adressait en leur faveur.

A partir du 11 septembre, l'évacuation des malades se fit chaque jour. Des voitures d'ambulance, relevant de la Croix-Rouge ou d'autres Sociétés de secours, comme les ambulances anglaises et américaines, vinrent les prendre et les diriger sur Paris. On utilisa également le transport par eau, et plusieurs fois Nous avons assisté avec de notables visiteurs et des membres de la Presse parisienne à l'embarquement de nos chers blessés sur le canal de Chalifert.

Le 18 septembre, l'évacuation des blessés de l'École Sainte-Marie, de l'ancien grand Séminaire et du Collège était achevée. Il ne resta plus à l'hôpital que les malades les plus gravement atteints, et qui furent l'objet de soins dévoués d'un Major-chirurgien, le Docteur Judet.

Le nombre des blessés pansés et soignés à Meaux après la bataille de la Marne dépassa de beaucoup le millier.

Rien n'avait été négligé pour leur assurer les secours de la religion. Outre M. l'Aumônier de l'hôpital, qui continua son dévoué ministère, d'autres prêtres furent spécialement chargés des diverses ambulances. Le dimanche 13 septembre, la Sainte Messe avait été célébrée dans la Chapelle du Collège. Tous les soldats qui pouvaient marcher avaient voulu y assister, et bon nombre même avaient fait la Sainte Communion.

A partir du 11 septembre, désireux d'assister et de consoler Nos chers Diocésains des environs de Meaux qui avaient le plus souffert de la guerre,

Nous les visitâmes. Nous avons commencé par Barcy-lès-Meaux, dont l'église était en ruines, ainsi que la mairie et l'école, et de nombreuses maisons incendiées. — Étrépilly et Trocy, dont les rues étaient encore remplies de cadavres. — May-en-Multien, où le Curé nous dit ce qu'il avait souffert durant huit jours d'occupation allemande. — Crouy-sur-Ourcq, où une vaillante bienfaitrice s'exposa aux rigueurs de l'ennemi, ayant transformé sa maison en ambulance pour y soigner nos chers soldats, aidée du dévouement des maîtresses de son école libre. Elle put y recevoir bientôt nos blessés prisonniers, délivrés par la fuite précipitée des Allemands.

A Lizy-sur-Ourcq, Nous avons été édifié à plusieurs reprises par la Foi et la résignation d'un brave capitaine de zouaves, qui mourait en chrétien, à côté de plusieurs de ses frères d'armes soignés dans l'ambulance allemande prisonnière, où se trouvaient près de deux cent cinquante blessés. A Congis, le Curé nous fit le récit de son arrestation et de son internement durant quarante-huit heures.

A Varreddes enfin, Nous avons déploré, avec les habitants, l'absence du Vénéré Pasteur qui, malgré ses soixante-seize ans, fut emmené comme otage et n'est, hélas! pas encore revenu. Toutes les démarches tentées jusqu'à ce jour pour connaître son sort n'ont abouti à aucun résultat. Avec lui, les Allemands, furieux de leur déroute, avaient pris dix-sept de ses Paroissiens, dont plusieurs, en chemin, ont succombé sous leurs coups, et Nous ignorons le nombre de ceux qui seraient encore prisonniers.

Une seconde visite Nous conduisit à Chauconin, Neufmontiers, Monthyon, où les Allemands, forcés de rétrograder, noyèrent une grande quantité de munitions; Saint-Soupplets et Marcilly, où la sacristie de l'église fut ravagée par des obus.

Le lendemain, en Nous rendant à la Ferté-sous-Jouarre, Nous eûmes la consolation d'apprendre que la Paroisse Saint-Jean-les-Deux-Jumeaux n'avait pas été trop éprouvée par l'occupation allemande. Mais plus loin, dans la Ferté même, c'est avec une peine profonde que Nous avons vu les ruines de la belle École Saint-Joseph (Château de Condé), incendiée par les obus anglais. Les Allemands y ayant installé leurs mitrailleuses, qui ne permettaient pas à nos alliés l'accès de la Marne, il avait fallu sacrifier l'école, et c'est résigné, mais la rage au cœur, que l'officier anglais commanda le tir, du haut de la Tour du célèbre Monastère de Jouarre.

Le lundi 14 septembre, Nous visitions Lagny, Thorigny, Pomponne, Brou et Chelles. Dans cette dernière localité, Nous avons eu l'édification d'entendre une Compagnie de réservistes bretons Nous réciter les prières qu'ils ont coutume de faire tous ensemble matin et soir.

Enfin une douloureuse catastrophe survenue à Mary-sur-Marne Nous appela dans cette Paroisse. Le 16 septembre, vers sept heures du matin, on apprit à Meaux que dans la nuit, un train de blessés arrivant de la région de Reims, et passant par Mareuil-sur-Ourcq, était venu se précipiter dans la Marne, à Mary, dont les Allemands avaient détruit le pont.

Accompagné d'un prêtre et d'un médecin, Nous avons pu assister les mourants, bénir les morts et consoler les pauvres victimes recueillies et soignées dans la Fondation Borniche, ainsi qu'à la Colonie de Vacances de la Maison de Nazareth.

Les divers représentants des autorités administratives rentrant successivement dans la cité vers le 9 septembre et les jours suivants, les initiatives prises, depuis le jeudi 3 septembre et continuées par les

membres du Comité des Intérêts Publics de la Ville
de Meaux, n'avaient plus d'objet. Dès lors, ceux qui
s'étaient efforcés de pourvoir aux nécessités de la situation en faveur de leurs concitoyens reprirent leur liberté.

Peu de temps après, les différents services publics,
qui nous avaient manqué depuis le 3 septembre, fonc-
tionnèrent à nouveau. Quand le génie eut refait un
pont provisoire sur la Marne, et quand les conduites
reliant le quartier du Marché au reste de la Ville eurent
été rétablies, la population fut enfin régulièrement
pourvue d'eau. Au même moment, l'usine électrique,
et peu après l'usine à gaz, nous rendaient la lumière.
    Les trains ayant été rétablis entre Paris et Lagny
d'abord (vers le 15 septembre), puis de Paris à Esbly,
et enfin de Paris à Meaux (25 septembre), la population,
qui avait quitté la région au début du mois, commença
à réintégrer notre Ville et les communes voisines.
Meaux reprit peu à peu sa physionomie habituelle.

Le récit des événements qui se produisirent à Meaux
avant, pendant et après la Bataille de la Marne ne
serait pas complet si l'on ne disait en terminant ce que
fut la vie religieuse dans notre Ville, pendant ces jours
d'épreuve.
    Les membres du clergé, qui pouvaient l'entretenir,
s'étaient instinctivement rapprochés et groupés, notamment à l'Évêché et au petit Séminaire, pour y mener la
vie commune.
    Grâce au Ministère de douze Prêtres, la vie religieuse
ne fut jamais interrompue, et le service paroissial fonc-
tionna normalement dans chacune des trois Églises. La
Communauté de l'Évêché s'occupa de la Cathédrale;
un Missionnaire Diocésain, le chanoine Bléry, prit soin
des Fidèles de Saint-Nicolas, dont le pasteur était aux
Armées. Le Curé de Notre-Dame, assisté de son vicaire,

continua son ministère dans le quartier du Marché.

Tous les matins, des Messes étaient dites, et la Sainte Communion distribuée à de nombreux fidèles; et tous les soirs des prières publiques étaient faites dans chacune des paroisses pour le salut de la France.

Le petit troupeau des Fidèles se groupait autour du Pasteur; on chantait un cantique, on récitait le chapelet; quelques paroles d'édification étaient prononcées et le Salut du Très Saint Sacrement clôturait la réunion. Pour cette dernière cérémonie, Nous apportions de la Chapelle de l'Évêché la custode contenant l'Hostie consacrée, car à l'approche de l'ennemi, et par crainte d'une profanation, on avait jugé prudent de ne pas conserver la Sainte Réserve dans nos Églises. A deux reprises même, en raison du péril plus imminent, les Saintes Espèces avaient été consommées, et le matin à la Messe, le célébrant ne consacrait plus que le nombre d'hosties suffisant pour la Communion des Fidèles.

C'est au cours d'une de ces allocutions quotidiennes à la réunion du soir, que Nous annonçâmes aux assistants la promesse que Nous avions faite, si la Ville était sauve, de célébrer désormais très solennellement chaque année dans la Cathédrale, où se réuniraient en procession les trois Paroisses, la Fête de l'Immaculée Conception de la Sainte Vierge; et d'ériger dans notre Basilique, préservée de l'incendie et de la ruine, les deux Statues de Saint Michel et de la Bienheureuse Jeanne d'Arc.

Nous nous réservons de célébrer le 8 septembre l'anniversaire du combat victorieux, dans la Paroisse de Barcy-lès-Meaux, située au centre de l'action la plus meurtrière et au milieu des plaines où les braves sont tombés en plus grand nombre. *Hic ceciderunt fortes.*

Au pied des Autels, Prêtres et Fidèles trouvèrent la patience, la résignation et le réconfort nécessaires en ces heures d'angoisses. Il est permis de penser aussi que leurs prières, secondant la vaillance de nos soldats, contribuèrent, avec les supplications de la France entière, au succès qui, remporté sur les bords de la Marne au prix de tant de sacrifices, est devenu par la grâce de Dieu le gage du triomphe définitif de nos armes.

Cette confiance nous rappelle la juste remarque de M. Henri Roujon. Louant l'œuvre de Joseph Fabre, *la Délivrance d'Orléans*, il déclare que si ce « Mystère (1) » était représenté au Théâtre-Français, l'applaudissement vraiment populaire de milliers de mains saluerait cette réponse de Jésus à l'intercession de sa Mère :

> Ma Mère, j'ai bien grand plaisir
> A me laisser enfin fléchir,
> Pour cette France bien-aimée
> Que j'ai faite ma Fille aînée.
> Bien des fois elle pâtira,
> Et le monde répétera
> Qu'en peu de temps elle mourra ;
> Mais toujours quelqu'un paraîtra
> Qu'une voix du Ciel guidera,
> Et qui de mort la sauvera.....

En terminant cette page d'histoire, ou plutôt ces simples feuilles d'éphémérides, Nous voudrions vous laisser sur une pensée d'espérance, ou mieux sur une vision de gloire.

Peu de temps après la bataille de la Marne, les 2 et 3 novembre, Nous avons béni solennellement devant leurs frères d'armes les tombes des héros de Villeroy. Comme Nous parcourions la vaste plaine de Barcy-lès-Meaux, qui avait été le théâtre de tant d'héroïques exploits, un spectacle émouvant s'offrit à nos yeux.

Sur chacune des centaines de tombes qui illustrent désormais notre terre de Brie, autrefois appelée « la terre des Saints » et qui restera aussi « la terre des héros », un des chefs de notre armée territoriale, le

(1) *La Délivrance d'Orléans*, Mystère, par Joseph FABRE. (Hachette et Cⁱᵉ, 1914.)

Commandant Gruet, avait eu la religieuse et patriotique pensée de fixer le drapeau tricolore aux croix de
bois qui protègent de leur ombre les restes de nos vaillants soldats.

Vision glorieuse et magnifique!

Les horizons de nos plaines, où la tristesse de l'automne s'étendait sur ce vaste Champ des Morts, s'étaient
animés comme par enchantement. Dans les mille fré-
missements de tous ces drapeaux fièrement déployés
et flottant au souffle du vent, on croyait voir vibrer
l'âme de la Patrie reconnaissante. Ils ne sont pas morts
tout entiers ceux qui dorment là du sommeil de la gloire,
ceux dont l'Histoire a déjà enregistré les noms. Il est
juste, pour les honorer tous, d'en rappeler quelques-uns.

C'est là que reposent en effet :

Le Commandant d'Urbal, enseveli au cimetière de
Barcy-lès-Meaux, où sa tombe fut creusée par l'obus
qui l'a frappé, et dont l'héroïsme suffirait à illustrer un
nom que recommande déjà à la reconnaissance des
Français la valeur militaire de son vaillant frère aîné,
qui est l'un de nos grands Chefs d'armée.

Le Capitaine Hugot-Derville, un brave qui portait
lui aussi un nom universellement respecté, et qui, dans
ses dernières dispositions, déclarait vouloir attendre la
résurrection finale à l'endroit même où son corps serait
immolé pour le salut du Pays, comme nous l'écrivait
son digne père, ancien Député et aujourd'hui encore
officier supérieur au service de la France.

Le Capitaine Henri de Contencin, du 31ᵉ d'infanterie, dont nous ne saurions faire un plus bel éloge
qu'en rappelant sa citation à l'ordre du jour de l'armée: « A été frappé mortellement à Barcy, à 80 mètres
de la ligne ennemie, au moment où il lançait sa compagnie à l'assaut, après avoir donné à tous ceux qui l'entourait le plus bel exemple de courage et de fière
audace. » (*Journal officiel*, 13 décembre 1914.)

Le Lieutenant Marché, dont le beau-père, vaillant Colonel, Nous demandait de bénir les restes glorieux, quelques jours avant que le commandant Vachette, son parent, succombât aussi au service de la Patrie.

Le Capitaine d'Ivry, bravement tombé à Penchard, d'où il avait chassé l'ennemi.

Le Lieutenant Dufourmantelle, que son père, pendant de longs mois, rechercha au Champ d'Honneur avec une si courageuse persévérance, enfin récompensée de Dieu, pour la consolation de sa chrétienne famille qui peut aujourd'hui prier près de lui.

Le Lieutenant de la Cornulière qui, dans la tranchée où il est tombé, repose à Villeroy avec 300 soldats qui partagèrent sa bravoure et son sacrifice.

Quel beau livre d'or on pourrait écrire pour chaque région de la France, comme pour la nôtre, à l'honneur de chacune des petites Patries, nobles et dignes filles de la Mère Patrie!

Sont encore tombés avec tant d'autres :

A Chambry, les Capitaines : Cartry, Bigoudot, Jaluzot; les Lieutenants : Schmidt, Benoist, Hannion, Nanta, Arrighi, Raillet, Rojot, le Sergent Payen, séminariste de Sens, etc.;

A Barcy, le Capitaine Mourou; les Lieutenants : Signolet, Demartini, Maillet, Rousseau, Moulin, Poggi, Neurouth,... Raynal;

A Neufmontiers, le Commandant de Sortige, le Capitaine Denis;

A Villeroy, le sergent Gabriel Romain.

Et là, nommons encore : le Capitaine Guérin, dont l'héroïsme fut signalé à l'admiration de la France entière par cette belle citation à l'ordre de l'armée :

« Blessé grièvement au Maroc, a voulu, bien que ne pouvant monter à cheval, et obligé de marcher avec une canne, conserver le commandement d'une compagnie de réserve par-

tant pour le front; désigné pour être attaché au Ministère
de la Guerre en raison de sa blessure, au moment où la division prenait contact avec l'ennemi, a donné le plus bel
exemple de courage et d'énergie en demandant qu'il fût
sursis à sa mutation jusqu'à la fin des opérations; maintenu
au commandement de sa compagnie en attendant la décision
à intervenir, a entraîné ses hommes avec une bravoure
remarquable à l'attaque des positions allemandes, le 5 septembre, et a été tué à leur tête. »

Ils ont fait de leurs corps un rempart infranchissable
qui marque « le point d'arrêt » du flot des envahisseurs
auquel ils ont dit : Tu n'iras pas plus loin. Et c'est de
la grande tombe de Villeroy, à jamais glorieuse, que
leurs camarades sont partis en avant, comme du « point
de départ » de la victoire de la Marne.

Et puis, c'est encore là qu'est tombé Charles Péguy,
le poète, qui avait chanté si magnifiquement sa glorieuse destinée :

> Heureux ceux qui sont morts le soir d'une bataille!

Debout, à la tête de ses soldats qui le suppliaient de
rester au milieu d'eux, il fut frappé, au moment où il
les adjurait « au nom de Dieu de tirer, tirer encore et
toujours ».

Tous ces chefs, et tous les soldats qui, leur ayant été
unis dans la mort, méritent de les accompagner dans la
gloire, avaient entendu et mis en acte ce que la grande
âme si chrétienne et si française de Paul Déroulède
mettait dans la bouche des « Vétérans de 1870 » pour
la « génération de la Revanche ».

> En avant! Tant pis pour qui tombe,
> La mort n'est rien. Vive la tombe,
> Quand le pays en sort vivant.
> En avant!

Par une coïncidence remarquable, où Nous voulons
voir autre chose qu'un simple hasard, et qui donne

plutôt son sens symbolique à la victoire qu'ils ont payée de leur sang, ils reposent pour un grand nombre dans le champ désormais fameux où campait orgueilleusement, le 4 septembre dernier, l'État-Major du Général ennemi. Et c'est sur cet emplacement même, dont le terrain Nous est assuré, que Nous avons conçu la pensée de consacrer par un monument religieux le souvenir de leur triomphe et de leur sacrifice, car selon le mot du Poète :

Ceux qui pieusement sont morts pour la Patrie
Ont droit qu'à leur cercueil la foule vienne et prie.

Sur ce champ de Barcy-lès-Meaux, à l'endroit précis où campait le chef ennemi la veille de la bataille, le vendredi 4 septembre, à deux heures, il sera juste et bon de voir s'édifier une pieuse chapelle, religieux et patriotique hommage de notre reconnaissance envers Dieu, qui nous a préservés du fléau de l'invasion, — envers les Saints de France que nous avons appelés à notre secours, — plus spécialement en l'honneur de Sainte Geneviève, patronne de Paris et de la petite Paroisse de Barcy-lès-Meaux, et dont l'image seule fut respectée par les obus allemands, qui ont fait tomber en ruines son église ravagée...

Hommage de gratitude aussi à tous ces héros qui nous ont sauvés au prix de leur vie, et dont les noms seront inscrits sur les murs du Monument qui donnera asile à leurs restes glorieux.

Les générations qui viendront un jour faire le pèlerinage du champ de bataille de la Marne, où se décida notre première victoire, pourront ainsi s'agenouiller sur cette terre consacrée par le sang et la foi de nos martyrs ; et en priant pour leurs âmes immortelles, les jeunesses françaises de l'avenir se pénétreront davantage des leçons de leur mort et du sentiment des impérissables destinées de la France.

Mesdames et Messieurs, Nous laisserons à une autre voix que la Nôtre le soin de conclure.

Voici une lettre génératrice du courage si nécessaire à l'heure présente. Elle est d'un de nos Aumôniers militaires du diocèse de Meaux, porté par ses Chefs à l'ordre du jour de l'armée, et résume merveilleusement quelques-unes des grandes leçons de la guerre. Elle est datée d'un champ de bataille, sur la ligne de feu, et du 4 février 1915 :

Monseigneur, dimanche dernier, le Colonel recevait de Paris une triste nouvelle. On lui annonçait que l'épouse du lieutenant Commandant la Compagnie venait de mourir presque subitement. Le Colonel m'envoya la lettre en me priant d'annoncer moi-même cette terrible nouvelle au cher Officier. Il pensait que le prêtre était tout choisi pour de telles missions.

Donc, après avoir prié et fait beaucoup prier, je me dirigeai, dimanche midi, vers le poste de Commandement. Je trouvai le lieutenant un peu sombre. Je n'eus pas le temps de le saluer, déjà il me disait qu'il avait reçu de mauvaises nouvelles de chez lui : « Ma femme est souffrante, Monsieur l'Abbé, mais laissez faire, je vais lui envoyer une lettre qui la remontera certainement, lisez-moi cela. — Je m'excusai... — Non, non, je tiens à ce que vous voyiez cette lettre d'un soldat, d'un officier que la guerre a transformé. Ah! la douleur, la souffrance! Monsieur l'Abbé. — Oui, mon lieutenant, c'est le creuset qui transforme les âmes, c'est là qu'elles laissent toutes leurs misères! » — Et je m'embarquai sur le chapitre de la douleur, du sacrifice. Je parlai de Notre-Seigneur prononçant le magnifique *Fiat* du Jardin des Oliviers. Jésus portant sa Croix et se sacrifiant lui aussi pour tous les autres, pour l'humanité. Cependant le Christ, lui aussi, avait une Mère bien aimante, Mère admirable, dont le souvenir était rendu vivant par la présence même de Marie, qui suivait Jésus et qui assistait à son supplice. Et Jésus ne regarde pas en arrière, le souvenir de sa mère et de ses amis ne le retient pas, il se donne tout entier à la cause du salut du monde. Il est prêt à souffrir les plus grandes douleurs, à recevoir les plus grands coups.

« Alors, Monsieur l'Abbé, il faut donc être prêt à tout. — Oui, mon lieutenant, comme le Christ, ne regardons pas en arrière, oublions même que nous avons des mères, que vous avez une épouse, une fille, et regardez en avant, regardez en haut, vers le Christ. — *Sursum corda.* — Regardez en avant. Portez-vous en avant et soyez prêt, comme le Christ, à toutes les douleurs, et à tous les sacrifices... Un chrétien soldat, un chrétien officier n'est point, ne doit point être un chrétien ordinaire, mais un chrétien modelé sur le Christ. La figure du Christ doit transpirer à travers son être... — Monsieur l'Abbé, je suis prêt à tout... — Est-ce bien vrai? Si Dieu vous prenait au mot, que lui répondriez-vous? — Je suis prêt à tout, Monsieur l'Abbé. »

A ce moment, une larme longtemps contenue coula de mes yeux et je me préparai à saisir mon crucifix. Le Lieutenant avait compris. « Mon Dieu! Mon Dieu! Serait-ce donc vrai?... Mon épouse ne serait donc plus!... Ma pauvre enfant serait maintenant sans père, ni mère... » Et, fixant fiévreusement ses lèvres à mon crucifix, il prononçait ces belles paroles : « *Fiat voluntas tua!* O mon Dieu!... » Puis il pleurait. — « Pourvu que ma pauvre femme ait reçu les derniers Sacrements. Voilà l'essentiel, les derniers Sacrements. Voilà ce que le monde ne comprend pas. O mon Dieu! Que votre Volonté soit faite! Prenez avec vous ma digne femme, cette bonne épouse, cette bonne mère! »

Toute la soirée je consolai le cher lieutenant. Le soir, il s'achemina vers la Chapelle du champ de bataille, où Notre-Seigneur demeure nuit et jour. Il se prosterna aux pieds du Prêtre et me demanda le pardon de Dieu. Quelle touchante confession! — Puis il approcha de l'autel en tremblant, les mains jointes, le regard fiévreux, le visage inondé de larmes, il se pencha sur l'autel et déposa sur le corporal contenant les Saintes Espèces le baiser de la résignation, et pendant qu'il redisait le *Fiat*, une larme tomba sur le corporal, larme que Notre-Seigneur dut recueillir avec un soin jaloux.

Après avoir adoré longtemps Notre-Seigneur, il se donna à son devoir, et passa la nuit dans les tranchées avec ses hommes.

Puis le lendemain matin, à huit heures, tout l'État-Major du régiment, Colonel en tête, l'entourait à la Chapelle où je

célébrai l'Office des Morts et où il recevait son Dieu. Nos
chers Officiers furent fortement impressionnés par ce spectacle, et l'un d'eux, encore éloigné de Dieu, s'écriait : « Qu'ils
sont heureux d'avoir la Foi! Je la voudrais avoir. Que faire,
Monsieur l'Abbé? — Mon lieutenant, il faut la demander à
Dieu, et par une vie de plus en plus digne vous préparer à
la recevoir, ou plutôt, non pas à la recevoir, car vous l'avez,
la Foi, elle est chez vous à l'état latent. Faites-la revivre en
vous par l'observation des lois de Dieu et de l'Église.
Embrassez la morale chrétienne. »

Oui, à l'école de la souffrance, la virilité de l'homme se
développe. La foi se réveille, Dieu est senti par l'âme, elle
se donne à Lui sous la poussée de la grâce, méritée par la
souffrance acceptée. Oui, si cette guerre fait mourir les corps,
elle est une source de résurrection pour les âmes!

Ici se termine la lettre. — Maintenant il faut conclure :
Oui, Mesdames et Messieurs, Chrétiens et Chré-
tiennes, Français et Françaises que vous êtes! Sou-
venez-vous toujours que la bonté de Dieu sait tirer le
bien du mal, et que cette terrible guerre qui nous a
été iniquement imposée peut et doit devenir, si nous
le voulons tous, l'occasion et le gage de la seule paix
possible et désirable, — conformément à la pensée, aux
vœux et aux prières de Sa Sainteté le Pape Benoît XV;
— elle peut et doit devenir un gage de la paix victorieuse
et durable, garantissant la justice et le droit, répara-
trice du passé, et préparant le triomphe de la civilisation
chrétienne dans le monde; — un gage, enfin, de cette
« Union sacrée » pour le présent et pour l'avenir, seule
capable d'assurer le salut, la gloire et le bonheur de
notre Chère France.

PARIS. TYP. PLON-NOURRIT ET Cie, 8, RUE GARANCIÈRE. — 21137.

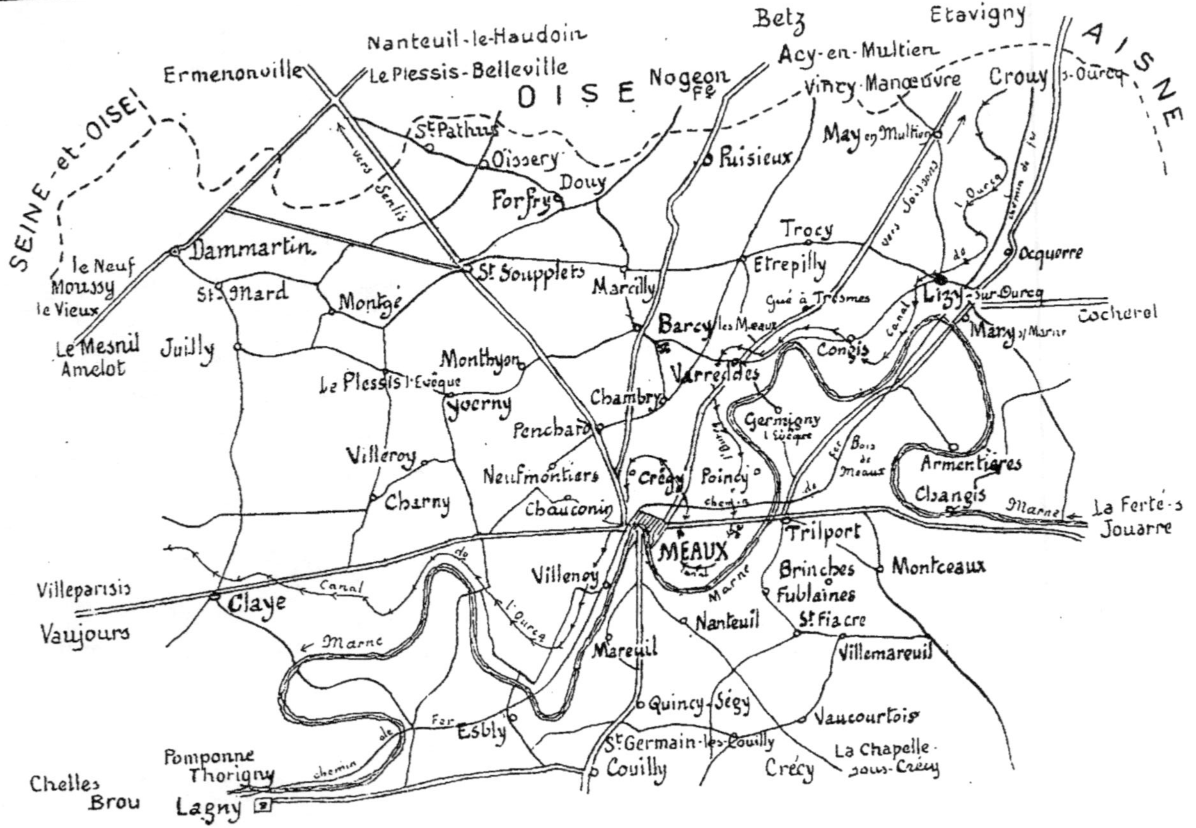

SEINE-et-OISE
OISE
AISNE
Ermenonville
Nanteuil-le-Haudoin
Le Plessis-Belleville
Nogeon Fe
Betz
Acy-en-Multien
Etavigny
Vincy-Manœuvre
Crouy s-Ourcq
St Pathus
Oissery
Puisieux
May en Multien
Forfry
Douy
vers Senlis
vers Soissons
Dammartin
le Neuf Moussy le Vieux
Le Mesnil Amelot
St Mard
Juilly
Montgé
St Soupplets
Marcilly
Trocy
Etrepilly
Ocquerre
Lizy-sur-Ourcq
Cocherel
Gué à Tresmes
Barcy
Congis
Mary s/Marne
Monthyon
Le Plessis l'Evêque
Yverny
Varreddes
Chambry
Germigny l'Evêque
Penchard
Villeroy
Neufmontiers
Crégy
Poincy
Armentières
Charny
Chauconin
Changis
Marne
La Ferté-s Jouarre
MEAUX
Trilport
Montceaux
Villeparisis
Vaujours
Claye
Canal
Villenoy
Brinches
Fublaines
Nanteuil
St Fiacre
Mareuil
Villemareuil
Quincy-Ségy
Vaucourtois
Esbly
St Germain-les-Couilly
Couilly
Crécy
La Chapelle-sous-Crécy
Pomponne
Thorigny
Chelles
Brou
Lagny
chemin de fer
Canal de l'Ourcq
Bois de Meaux

www.ingramcontent.com/pod-product-compliance
Lightning Source LLC
LaVergne TN
LVHW022211080426
835511LV00008B/1694